LA LÉGITIMITÉ

REPOSANT

SUR SA VÉRITABLE BASE,

Par CAMILLE GUÉRIN.

Εἰκὼν δὲ Βασιλεύς ἐστιν ἔμψυχος Θεῦ.
Un Roi est l'image vivante de Dieu.
Diver. sentent. inter Gnomic., p. 203.
ad vet.

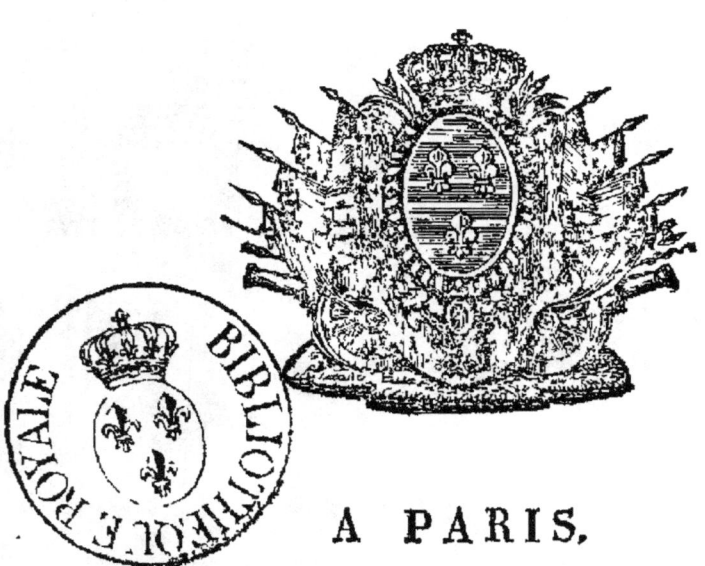

A PARIS,

Se vend chez LE NORMANT, Imprimeur, Lib,

1824.

AU ROI.

Sire,

Lorsqu'il s'agit de défendre la Légitimité, je trouve mes armes bien impuissantes, mais s'il m'est permis de nommer le

Monarque qui regne sur le cœur des Français, le nom de **CHARLES X** assure mon triomphe.

Je suis, avec le plus profond respect,

Sire,

de votre Majesté

le très-humble, très-obéïssant,
& très-fidèle sujet.

Camille Guérin.

LA LÉGITIMITÉ.

DISCOURS
SUIVI D'UN ESSAI

SUR LE MOYEN GÉNÉRAL DE PRÉVENIR LES RÉSULTATS SOUVENT FUNESTES DE L'ÉTUDE DES SCIENCES.

Par Camille GUÉRIN.

> En attaquant la Légitimité on attaque la Religion et réciproquement. Or, aucun peuple ne peut exister *sans religion*, de l'aveu même des ATHÉES ; donc, détruire la légitimité c'est détruire la société.

Défendre les droits des Souverains, c'est plaider la cause des peuples. Les droits du Monarque et ceux du sujet reposent sur une base commune et immuable. Enlever une des prérogatives de la couronne, c'est attenter aux droits du Citoyen, c'est attaquer l'autel, c'est attaquer soi-même, c'est détruire la société entière.

La Légitimité seule peut prévenir tous ces maux, procurer la paix et le bonheur des états, amener les peuples au plus haut point de civilisation et de gloire.

Nous tâcherons de prouver que si l'UNITÉ est le seul principe conservateur tant de l'ordre politique que de l'ordre religieux, on doit rechercher ce qui la constitue *essentiellement*. Or, si nous démontrons que l'unité politique émane de la Légitimité, la raison de l'ordre social sera la conséquence de ces deux propositions.

Si la société détachée de la Légitimité tend à sa ruine, la Légitimité à une importance infinie. Cette importance prouvée il ne resterait plus qu'à indiquer les moyens de la maintenir; ce qui ne fait pas essentiellement partie de notre sujet (1) : Nous tâcherons néanmoins de démontrer que si la Légitimité repose sur une base assurée, ses avantages de visibles et d'incontestables qu'ils sont, deviennent *certains* et *infaillibles*.

La théorie politique basée sur les faits, sera l'objet de la première partie de ce discours.

La seconde fera voir cette même théorie mise en pratique.

Dans la troisième, nous tâcherons de démontrer les avantages qui en résultent.

La première partie de ce discours a pour objet le passé, la seconde le présent, et la troisième l'avenir.

---

(1) Si nous nous éloignons en *apparence* de notre sujet, c'est pour lier les preuves entre elles et prévenir ainsi des objections tant de fois combattues et toujours reproduites, faute de considérer l'ensemble et de lier les effets aux causes.

PREMIÈRE PARTIE.

Quand on observe l'instabilité des croyances et des opinions, les changemens dans les lois et dans la politique, la décadence des lettres, des sciences et des arts, la naissance, la prospérité, la chûte des Royaumes et des Empires, il est évident que l'autorité seule peut mettre un frein aux passions qui détruisent la société. Si l'on conteste les conséquences qui résultent de l'autorité, c'est faute de la connaître ou faute de s'entendre soi-même. Ou tous les hommes doivent se déclarer ennemis du pouvoir qui maintient la société, ou tous doivent reconnaître l'autorité légitime.

En effet, affranchir le monde politique de l'autorité légitime, c'est lui faire parcourir les différens degrés qui conduisent jusqu'à l'anarchie, car l'anarchie a pour premier degré la concession arbitraire aux volontés du peuple, et cette concession a toujours été faite aux dépens de la légitimité et du peuple même. Bientôt le peuple voulant commander, la souveraineté individuelle nait du pouvoir usurpé; et avec ce faux pouvoir naissent les révolutions enfantées par l'esprit d'indépendance.

Qu'arrive-t-il en effet, lorsque le peuple s'arroge le droit de détruire et de créer des Rois? tout-à-la-fois la tyrannie et l'abus de la liberté: de-là l'origine de la démocratie. La démocratie n'est que le commencement de l'anarchie, et par conséquent de la destruction de la société. Proclamer la souveraineté du peuple en abolissant la Légitimité, c'est donc détruire le pouvoir pour légitimer tous les crimes; et quiconque peut sentir la liaison qui existe entre un principe certain et ses conséquences rigoureuses, verra que hors de la Légitimité, il n'y a que l'anarchie. Nul moyen de s'arrêter entre ces deux extrêmes : la raison, l'histoire, l'expérience, la philosophie, tout nous tient le même langage.

La stabilité du monde social n'est que l'expression de la Légitimité. Tant que la Légitimité subsiste, la société subsiste dans toute sa force. Nous en verrons bientôt la raison.

Détruire la société n'est que l'art de la soustraire à l'empire de la Légitimité. En effet, la philosophie en abolissant la Légitimité est tôt ou tard contrainte à légitimer tout Souverain, ou à n'en reconnaître aucun; dans ces deux cas, des maux infinis se succèdent. En abolissant la Légitimité, la philosophie donne au monde dans chaque homme, un tyran et un esclave, parce que d'après ses principes, chaque homme aurait les mêmes droits de commander et tous seraient en même temps indépendans; chose absolument contradictoire. La philosophie demandant l'égalité, ce mot d'égalité devient tour-à-tour le signal de la destruction et de la tyrannie. Nul moyen d'éviter cet écueil, car dès que les passions règnent à la place de l'autorité, la force remplace le pouvoir ; l'histoire des révolutions n'est en effet que l'histoire des passions liguées contre l'autorité légitime.

Osez maintenant nous contredire, vous dont chaque parole réalise l'anarchie. Si les annales de tous les peuples ne se déroulaient à vos yeux pour vous confondre, il me suffirait de rappeler l'histoire d'une révolution dont l'univers frémit et qui menace d'envahir le reste de la terre. Mais qui pourrait en retracer le tableau ? Il faudrait emprunter les couleurs du feu et du sang. Vainement je m'efforcerais à en donner une faible esquisse ; le pinceau tombe de ma main..... Oublions, s'il est possible, tant d'horreurs, et portons nos regards sur une scène digne de notre admiration.

SECONDE PARTIE.

Le rétablissement du pouvoir légitime est l'aurore de la liberté. De quel éclat ne la voit-on pas briller sous notre digne Monarque ? Son sceptre est encore plus fort de ses vertus que de sa puissance. A son nom la justice et les lois se reveillent, et la Religion marque sa couronne du sceau de la félicité qui se répendra sur les générations futures.

Orgueilleux philosophe, reprime une haine aveugle et quitte pour un instant ta plume, plus redoutable que le glaive des tyrans. Vois le trône du fils de St.-Louis, élevé entre l'autel et la justice. Vois le successeur du meilleur des rois. Vois..... va, cesse de frémir, la vengeance n'est point faite pour un cœur que le pardon a choisi pour son sanctuaire.....

Toi qui te vantes d'écouter la nature, prête mieux l'oreille à sa voix, entends ce merveilleux concert qui pénètre les cœurs, porte tes regards sur ce vaste univers, écoute son langage, et réponds-moi : Crois-tu que le monde qui proclame l'unité dans l'immensité de l'espace comme dans chacun de ses atômes, crois-tu que cet univers, image de la société, établie par Dieu, sur la terre, soit gouverné par une république, ou qu'un Monarque lui dicte ses lois ?

Vois-tu l'astre du jour qui verse la fécondité avec le torrent de ses feux ? eh bien, dis-le moi ; les astres se révoltent-ils contre lui, parce qu'ils ne brillent pas tous du même éclat ? voudrais-tu qu'il n'y eût que des soleils ou que tout fût plongé dans les ténèbres ? Blasphême la sagesse infinie, et ose lui demander pourquoi elle ne t'a pas admis à ses conseils lorsqu'elle a créé l'univers. Quoi ! parce que Dieu n'a pas demandé tes conseils pour régler l'ordre du monde, invoqueras-tu la foudre pour le mettre en combustion ? Veux-tu abaisser tous les astres au niveau de notre planète ? eh ! que deviendraient-ils ! que dis-je ! déplace un seul monde, et tous les mondes seront engloutis.

Tout se lie dans le temps comme dans l'espace,

Dans le monde moral comme dans le monde physique, tout existe par des rapports ou par des dépendances. Là où ces dépendances cessent entièrement, il n'y a plus de vestige de vie.

La révolution Française est un véritable suïcide politique. La philosophie elle-même ne peut le nier. Il est seulement à désirer qu'on écoute la vérité sortant de sa bouche, tandis que le siècle de l'incrédulité adopte inconsidérément tant d'erreurs par une crédulité aveugle.

L'amour pour les Souverains indique constamment le degré de la civilisation des peuples, comme la haine pour l'autorité exprime celui de leur décadence. Comment se maintient aujourd'hui cette immense nation contemporaine des premiers peuples du monde? Cet empire florissant, l'orgueil de l'Asie, dont les monumens et les arts étonnent l'imagination, cet empire dont les lois et les mœurs retracent la sagesse des Egyptiens, qui l'a élevé à ce haut point de puissance et de gloire? Son respect inviolable pour l'autorité. Que d'exemples à admirer chez une nation qui ne confondit jamais le crime avec la vertu: Quelle harmonie! quelle paix! quelle concorde! quel ordre! quelle parfaite hiérarchie! quels liens attachent les Ministres au Souverain, le sujet au Magistrat, le serviteur au maître, la famille entre elle, et les familles à la société! Quelle leçon pour les peuples et les Rois! quel défi pour le temps et les sophistes!

Sous le règne des premiers Monarques où les hommes étaient gouvernés par la volonté souveraine et légitime, où les sujets étaient obéissans et soumis, les peuples étaient heureux, parce que les peuples formaient une famille dont le Roi était moins le législateur que le père. Qu'est devenu ce siècle où les hommes n'avaient qu'un désir, une seule ame, où tous suivaient la douce pente qui conduit vers une autorité plus douce encore ? ô Bourbons ! ô céleste famille ! vous voudriez les renouveler ces beaux jours ! hélas ! quelle nuit nous les a si long-temps derobés. Depuis l'instant fatal où le crime vous ravit à la France, les larmes furent notre consolation, notre unique espérance était dans l'avenir.....

TROISIÈME PARTIE.

Tout principe entraîne sa conséquence. L'autorité légitime est *l'essence* de l'unité politique. Sans unité point de pouvoir, sans le pouvoir point de société. Ces propositions développées, il devient facile de prouver les avantages de la Légitimité en considérant notre sujet sous un point de vue politique et philosophique.

Mais tout pouvoir n'a une existence *absolue* qu'en vertu d'une sanction plus puissante que lui, et toute sanction suppose une autorité plus grande encore, et ainsi de suite jusqu'à ce qu'elle soit parvenue à L'AUTORITÉ SUBLIME, principe et fin de tout ce qui existe. Or, puisqu'il existe une religion dont l'expression est l'ordre social, une religion qui a pour limites l'infini, et l'éternité pour durée, une religion dont l'histoire et les dogmes se lient et forment une chaîne qui du trône du Tout-puissant descend jusqu'au trône des Rois, quelle sanction plus auguste la Légitimité saurait-elle avoir ?

Maintenant je le demande, s'il existe une règle pour la conduite et les actions des hommes, voudrait-on la briser parce que des crimes auront été commis sous le masque de l'autorité qui les condamne? La transgression de la loi est-elle la loi elle-même? Et l'on se déchaînerait contre la Légitimité parce que des délits politiques auront été commis par la violation de la Légitimité elle-même Qu'il est glorieux pour elle que le *Siècle des Lumières* ne lui reproche que des abus, c'est-à-dire des actes commis indépendamment de ses lois éminemment conservatrices ?

La Légitimité est l'anneau qui unit la société politique à la Religion, sans laquelle tout tend à sa ruine. Qui jamais voudrait le briser? Comment une philosophie dont l'orgueil fait toute la force, et dont le doute est le principe et la fin, toujours vaincue, est-elle toujours prête à combattre? Insensée ! elle ne voit pas qu'en attaquant la Légitimité, elle lui prépare un double triomphe. Ennemie acharnée d'un pouvoir qu'elle ne connaît point, la philosophie l'appelle au combat, et la vérité accourt dans la lice. Mais que pourrait contre elle l'arme du sophisme ?

A l'époque où le divorce entre la justice et les peuples est prononcé, où l'erreur prend un ascendant irrésistible, tous les droits deviennent arbitraires parce qu'ils n'ont d'autre règle que les passions, d'autre base que l'anarchie. Les vérités premières réduites en problêmes, on doit en contester les conséquences. Aussi les avantages de la Légitimité ont été long-temps contestés. Aujourd'hui où tant de témoins viennent déposer en faveur de ses droits, ne décidons rien avant de les entendre. Jusqu'à ce jour ne se serait-on point hâté de prononcer un arrêt fatal ? La Légitimité n'est peut-être la terreur de quelques hommes, que parce qu'un voile sanglant a été jeté entre elle et ses juges. Je veux le déchirer : il faut enfin qu'on la voie telle qu'elle est, que l'on connaisse ses titres et sa puissance. Assez long-temps on l'a condamnée au hasard. Ceux qui la somment de comparaître au tribunal d'un vain peuple, apprendront bientôt de sa propre bouche quels sont ses crimes ou ses bienfaits..........

L'erreur politique est enfantée par l'erreur des croyances. Aussi tant de gouvernemens vantés de nos jours loin de maintenir la tranquillité des Etats n'ont servi qu'à en précipiter la ruine. Les législateurs s'étonneraient moins de tant d'effets inattendus, s'ils avaient pu voir que leur législation n'était appuyée sur rien de fixe. Hors de l'unité politique sur laquelle reposent les lois, je ne vois que l'anarchie. Le paganisme qui n'a été que la PHILOSOPHIE DES NATIONS, en croyant édifier n'a fait que détruire, et tandis que la véritable croyance prend tous les jours plus de vie, le paganisme, en se développant, tendait à sa ruine. Il est visible que le même principe qui conduisit jusqu'à l'athéisme conduisit à l'anarchie. Une seule réflexion fera connaître actuellement la cause, les progrès et la fin de toutes les révolutions. Il est visible que les révolutions de l'Europe moderne doivent s'opérer rapidement, et que la même révolution opérée à Rome par des progrès insensibles, devait éclater en France en un clin-d'œil. C'est faute de connaître l'homme et l'influence des doctrines politiques, que l'on demande la cause de ces bouleversemens subits qui changent la face des nations. Si la Révolution Française a ébranlé le monde, c'est qu'elle attaquait de front la Légitimité, en même temps qu'elle nous transportait à grands pas au règne de Néron et de Domitien, en renversant les croyances et les mœurs.

La décadence de la SOCIÉTÉ POLITIQUE date de la décadence du pouvoir légitime (1); vérité frap-

---

(1) *Voyez la note à la fin du discours.*

pante qui désormais doit servir de base à la philosophie de l'histoire. Chercher ailleurs la cause de la chute des États, c'est se perdre dans un espace vide et sans bornes. La Légitimité est au monde politique ce que l'attraction est au monde physique : s'il s'est rencontré des hommes d'une *vaste* érudition, mais dont l'esprit destructif de toute société n'a jamais pu remonter au premier mobile des révolutions, c'est que ces hommes étaient trop peu élevés pour voir dans le lointain ; aussi n'expliquent-ils les causes que par des effets à la portée de leur vue, tant ils ont méconnu l'UNITÉ, cette essence de la perfection qui féconde les plus puissans génies et leur révèle l'avenir, tel que l'ont aperçu Bossuet et Leibnitz !

Nous avons vu quels étaient les avantages de la Légitimité. Les conséquences en sont infinies pour le présent comme pour les siècles à venir. Maintenant que nous pouvons l'envisager cet auguste pouvoir, en proclamer les bienfaits ce serait proclamer les dons de la divinité. Heureux les peuples qui peuvent goûter les doux fruits cueillis pendant le règne de l'autorité légitime ! qu'ont-ils de plus à désirer ?... La conquête du monde ? elle est la proie des usurpateurs. L'autorité légitime a-t-elle besoin de cimenter son règne par le sang et les larmes ?

Qu'il est glorieux de plier sous la loi de cette autorité ? quel tribu d'admiration ne lui devront pas les autres peuples? Ce ne sera plus ce terrible guerrier qu'accompagne l'effroi et la mort, mais un ange libérateur qui ramène le calme et la sérénité. Le bruit des armes ne portera pas l'épouvante jusqu'aux extrémités du monde, mais la reconnaissance immortalisera son nom en publiant ses bienfaits. Les peuples et les Rois, loin d'avoir à redouter son ambition et ses conquêtes, ne verront en lui qu'un protecteur et un soutien toujours prêt à les délivrer des poursuites des oppresseurs et des tyrans. Quel rempart pour l'humanité ! Que de gloire ! que d'honneurs ! que de triomphes ! Mais quelles sont donc ses armes redoutables ? Je ne vois ni glaives, ni faisceaux, ni ce vaste appareil de mort que les conquérans traînent à leur suite. Quel est donc ce pouvoir invisible qui le protège ? Un pouvoir plus grand que celui des armes partage et assure ses destinées. Tous les cœurs volent avec lui dans le champ de la gloire, et il triomphe.... Il triomphe, pour le bonheur de faire des heureux. La paix, voilà quelle est l'ame de ses désirs et de ses entreprises. Quand les autres royaumes verront la prospérité de son peuple se maintenir et s'accroître de jour en jour, reconnaissant le modèle de la civilisation, ils chercheront à l'imiter, et alors cet admirable équilibre conçu sous le règne d'un des plus grands de nos Rois (Henri IV), se réalisera sous son digne successeur ; et l'histoire en transmettant à nos derniers neveux les bienfaits d'une politique sage et profonde, gravera ces paroles dans les cœurs : *Il fut l'idole de ses sujets, ses ennemis l'ont aimé, et l'Europe l'admire.*

Quelle est donc cette philosophie qui veut renverser tous les trônes et promener partout un affreux niveau? Sait-elle bien quelle est son entreprise? Sait-elle l'espace immense qu'il lui faut franchir? Je le lui demande : qu'elle réponde. Elle hésite! Elle doute et poursuit au hasard ses desseins dont elle frémirait de voir l'accomplissement. Si malgré cet orgueil implacable qui se fatigue incessamment à tout diviser, elle n'a jamais pu ébranler un dogme, une croyance de cette UNITÉ qu'elle renie et dont elle est reniée, ose-t-elle espérer de détruire la LÉGITIMITÉ, ce lien qui unit l'homme à l'homme, les nations aux nations, toutes les familles pour en former une seule famille, cet anneau qui unit la société entière à la société qui règne dans les cieux, cette Religion du monde politique?

Nations crédules, malheureuses nations, quand serez-vous désabusées? Savez-vous quelle est cette idole qui paraît à vos yeux sous le nom de philosophie. Ce nom, elle l'a usurpé, elle l'a deshonoré. Ce flambeau que vous voyez dans sa main, est une torche funèbre. Nouveau Prothée, elle prend toutes les formes. Voyez-la emprunter tour-à-tour le masque du patriotisme, de la vertu, de la religion; tour-à-tour flexible, hautaine, impérieuse, suppliante, se plier, se replier de mille manières pour parvenir à ses fins criminelles. Mais toutes ses ressources sont épuisées. Sous son joug a plié l'univers, l'univers va la faire courber sous le sien. Sa voix qui commande encore à la discorde devient le signal de sa perte. Ses accens ont assez fatigué le ciel et les rois. Sur l'étendard qu'elle avait arboré dans les deux mondes était écrit : LIBERTÉ: une invisible main y a gravé en caractères ineffaçables : ESCLAVAGE. Désormais l'écho de la tombe, sera seul à redire ces paroles de mort : HAINE AUX ROIS, HAINE A LA RELIGION.

Au bord de l'abyme dont l'œil effrayé n'ose sonder la profondeur, voyez les peuples qui y tombent, écoutez le cri de l'innocence confondu avec celui du crime et du désespoir. Voyez la discorde qui frémit, voyez et le glaive et le sang et le feu et les larmes, voilà qui vous parlera le plus éloquent langage que vous puissiez entendre. Où seriez-vous en ce moment si un pouvoir inconnu n'eût arrêté ce génie fatal que l'enfer n'a pu contenir dans son sein. Dans quel état serait maintenant une nation voisine, si un HÉROS, à la tête d'une armée de braves, ralliés sous l'étendard de la FIDÉLITÉ, n'eût dissipé des phalanges rebelles. FRANÇAIS, vous avez recouvré cette gloire qui a fait de tout temps l'admiration et l'orgueil de l'EUROPE. La Providence vous avait choisis pour être un exemple à jamais mémorable. Le temps des calamités s'est écoulé, il ne reste plus que celui du bonheur.

Français, soyez unis; votre ROI et les vertus vous tendent les bras : Ralliez-vous autour de leur bannière, c'est là que vous trouverez le bonheur, c'est là qu'est la LIBERTÉ, que vous avez si long-temps cherchée.

Saluons maintenant l'aurore du grand jour qui va publier ces mots que la vue perçante de l'aigle (Bossuet) a lu dans le ciel, et que publient les annales des révolutions : *La LIBERTÉ n'existe que par l'amour pour les Souverains*. Les nations répètent ces paroles aux nations, et tous les points de l'Univers comme autant d'échos, les répéteront aux générations futures. Incessamment vous les verrez s'accomplir. Déjà une autorité plus puissante que la force, commande au monde politique ; ses élémens si long-temps confondus, obéissent à l'harmonie ; les ténèbres disparaissent : UNE VOIX s'est faite entendre, et le monde reconnaît le Monarque qui est l'image vivante de Dieu. Εἰκὼν δὲ Βασιλεύς ἐστιν ἔμψυχος Θεῦ.

RESUMÉ ET CONSÉQUENCES DE CE DISCOURS.

La Légitimité est au monde politique, ce que Dieu est à la Religion.

La Légitimité ne peut se maintenir que par la plus grande autorité visible, expression de la raison générale.

La connaissance de l'autorité légitime doit donc se trouver partout en rapport avec les notions des vérités premières sur lesquelles se forme la raison générale : Ce qui explique pourquoi les révolutions sont d'autant plus sanglantes qu'on s'éloigne de la connaissance des vérités premières.

Hors de la Légitimité on est conduit par différens degrés jusqu'à l'anarchie. Si l'anarchie n'a jamais été *absolue*, (et elle n'a jamais pu l'être, car la destruction *complette* du corps social en serait la suite) c'est que jamais aucun peuple n'exista, chez qui la mémoire des vérités primitives ou de la Religion, fussent entièrement oubliées (1).

Toute autorité politique dérive donc *essentiellement* de la Religion.

Cette autorité est *vraie* ou *fausse*, selon qu'elle est consacrée par une RELIGION vraie ou fausse.

Des effets *positifs* ou *négatifs*, c'est-à-dire, L'ORDRE principe de vie, ou L'ANARCHIE principe de mort sont la manifestation d'une autorité vraie ou fausse ou, en d'autres termes, d'une autorité équitable ou arbitraire.

La Légitimité est le principe de L'ORDRE conservateur de LA SOCIÉTÉ POLITIQUE, parce qu'elle prend sa source dans ce QUI EST *essentiellement ;*

---

(1) Ceci confirme les vérités développées avec autant d'art que de génie, dans l'*Essai sur l'Indifférence en matière de Religion.*

Or, tout pouvoir conservateur de la société, quel qu'il soit, dérive de la LÉGITIMITÉ (1); et là,

---

(1) Cette vérité, reconnue de toute l'antiquité, est si évidente, que jamais nation n'a pu exister sans avoir une connaissance plus ou moins parfaite du dogme de la Légitimité qui se retrouve chez tous les peuples ANCIENS, comme chez les nations modernes les plus civilisées.

Chez les Babyloniens, les Assyriens, les Egyptiens, les Indiens, les Chinois, les Arabes, les Atlantes; chez les Grecs et les Gaulois, etc., etc., c'était le fils qui montait toujours sur le trône à la place de son père (*), et ordinairement le fils aîné (**) *Voy. l'Origine des Lois, des Arts et des Sciences*, tom. 1. pag. 12, p. 13.

(*) *Sanchon. apud Euseb.*, p. 36. B. — *Plato in Critica*, p. 1103. — *Herod.*, l. 1. n. 7. — *Arist. de Repub* l. 3. c. 14. p. 357. — *Polyb.*, l. 6. init. *Apollod*, l. 2. init. — *Strabo.*, l. 15. p. 1036. — *Pausan.*, l. 2. c. 34. — *Syncell.*, p. 167, 171. — *Martini Hist. de la Chine*, l. 2. p. 89, 101. — *Hist. des Incas*, t. 1. p. 40, 365, 243. — *Acosta Hist. des Ind. Occid* fol. 289. R.

(**) *Sanchon. apud Euseb.* p. 36. B. — *Herod.*, l. 7. n. 2. — *Plato in Critica*, p. 1103, 1104 *in Alcib. prim.* p. 441. — *Diod.*, l. 5. p. 383, 386. — *Hist. des Incas*, t. 1. p. 40, t. 2 p. 68. — *Lettr. Edif.*, t. 14. p. 390.

Que l'on étudie la LÉGISLATION de tous les peuples connus, et l'on verra qu'elle tire son origine du pouvoir légitime. Tous les plus habiles philosophes, ceux même qui ont vécu dans le temps des républiques d'Athènes et de Rome, semblent proclamer cette vérité qui n'a échappé à aucun des Législateurs les plus anciens; et Cicéron qui a été la lumière de son siècle, appelle l'autorité politique, la LOI VITANTE *(LEX VIVENS)*!......

ou divers gouvernemens ont voulu se partager un pouvoir qui se *détruit en se divisant*, la société a vu le théâtre sanglant de l'anarchie, où le peuple en fesant entendre le cri de LIBERTÉ, entonnait son hymne de mort.

L'erreur entraîne ses conséquences comme la vérité. Fondement de la raison générale, les vérités primitives renferment le dogme de la Légitimité puisque tous les peuples l'attestent. D'où il suit, que l'altération des vérités primitives ou de la Religion, entraîne l'abus du pouvoir politique. En effet, le pouvoir usurpé date de l'établissement des croyances; et la tyrannie n'est elle-même qu'un *fanatisme politique*. Les conséquences sont faciles à déduire.....

OBSERVATION.

L'apologie du pouvoir légitime ne peut être faite que par celui qui est à l'abri des préjugés comme de tout *esprit* de *parti*. Peut-être sous ce rapport nous est-il permis de l'entreprendre.

Loin de nous l'intention de heurter les opinions. Nous savons d'ailleurs, que la plupart des hommes les adoptent au hasard, par faiblesse ou par erreur; et si l'on nous juge intolérans pour les principes qui propagent les fausses doctrines, nous déclarons que personne n'incline plus à la tolérance que nous pour les hommes en général.

Quel que soit le jugement que l'on porte sur un discours dont nous croyons ne devoir donner le développement qu'à une époque plus éloignée, nous serons toujours d'autant moins sensibles aux reproches qu'on peut nous faire relativement à cet essai, que notre amour-propre ne s'en dissimule point les défauts. Mais si un seul individu avait une raison bien fondée pour se croire offensé dans un pareil ouvrage, nous en serions d'autant plus affligés que nous aurions agi contre nos intentions.

AVERTISSEMENT.

La plupart de nos Lecteurs seront peut-être étonnés de ce que nous parlons ici de l'étude des Sciences. Nous ne ferons qu'une remarque à ce sujet.

La reciprocité d'actions entre le physique et le moral chez l'homme se manifeste dans la société : De même que la santé, chez l'homme, résulte de L'HARMONIE entre le *moral* et le *physique* en particulier, de même L'ORDRE POLITIQUE, résulte de l'harmonie entre le *monde moral* et le *monde physique* en général. C'est ce que nous allons tâcher de faire entrevoir.

MOYEN GÉNÉRAL

DE PRÉVENIR LES

RÉSULTATS SOUVENT FUNESTES

DE

L'ÉTUDE DES SCIENCES.

> Unir c'est conserver, diviser c'est détruire.

Les résultats funestes de l'étude des Sciences, dérivent d'une source commune ; savoir : de ce qu'on enseigne les sciences isolées les unes des autres, au lieu de démontrer l'union, et l'UNITÉ qu'elles forment entre elles. Faire entrevoir cette vérité, tel est l'objet des réflexions suivantes.

Celui qui voit l'enchaînement qui existe entre toutes les parties de la nature, dit un observateur philosophe (1), pourrait-il ne pas croire aux vérités du CHRISTIANISME. L'ordre de la nature et le développement successif des vérités saintes, ne sont-ils pas les mêmes ?

Ces paroles trop peu méditées, l'expérience ne les a-t-elle pas confirmées et ne les confirme-t-elle pas tous les jours ? S'il est des hommes que l'étude des Sciences ramène à l'amour de la RELIGION et

---

(1) Lavat. physignom. t. 3.

de L'ORDRE SOCIAL, ce sont ceux qui étudient la nature dans son *ensemble*, qui en voyent l'harmonie et les phénomènes qui concourent à une même *fin*.

Séparer, en effet, les parties du GRAND TOUT qui compose l'univers, c'est séparer les divers caractères qui sont l'expression d'une grande pensée, et qui ne forment de langage que par leur union.

Quel est celui qui entendra le langage de la nature, s'il ne voit pour ainsi dire l'univers qu'en poudre ou en débris ? Et lorsque les titres du MONARQUE qui lui dicte des loix sont effacés, l'on s'étonne d'entendre dire : Où est L'ORDRE DU MONDE, où est DIEU ? Veut-on trouver l'infini dans quelques atômes ?.....

Qu'on ne demande plus pourquoi les Sciences ont une influence si funeste sur les opinions politiques. Où l'homme peut-il puiser aujourd'hui le premier sentiment de l'UNITÉ, si on ne le conduit à la source dont elle émane ? Où la jeunesse puisera-t-elle les premières notions de l'UNITÉ, si on ne l'y amène par gradation, et si on né les lui montre dans la nature ?

Quel serait le résultat des recherches de l'étude de l'homme, si un Professeur bien différent de celui qui fait entendre une éloquente raison dans une faculté célèbre, (1) isolait l'ame du corps et

---

(1) M' Lordat, Prof. de Phys. et Doyen de la Faculté de Médec. de Montpellier.

les membres du tronc ? qu'on en déduise les conséquences.

Faire voir la nature par lambeaux épars ou confusément entassés, c'est enfanter le chaos, c'est ne plus reconnaître ni les attributs de Dieu, ni les attributs de l'autorité qui en émane. Si les doctrines subversives sappent les fondemens du trône, les Sciences à leur tour, qui ne montrent que destruction, réalisent l'anarchie de l'intelligence. Les attributs de la DIVINITÉ une fois méconnus, plus de respect pour la LÉGITIMITÉ, pour les Souverains, pour les Lois, pour les Magistrats ; et l'édifice social tombe en ruine.

Les effets suivent leur cause. Mais n'est-il aucun moyen d'en prévenir les résultats funestes, autant que les circonstances présentes le permettent ? Tandis que dans une seule faculté, dans une seule ville de province il y a plusieurs professeurs de chimie, par exemple, pourquoi n'y aurait-il pas un cours destiné à la philosophie générale des Sciences que l'on enseigne dans ces mêmes facultés (1). Un professeur chargé de faire voir l'UNITÉ

---

(1) A Montpellier, il y a trois chaires de Botanique, une à l'Ecole de Pharmacie, une autre à la Faculté de Médecine et une troisième attachée à la Faculté des Sciences de la même ville, chaire *vacante* depuis plusieurs années. Cette dernière ne serait-elle pas remplacée avec avantage par une chaire de philosophie générale des Sciences, ou du moins par un Cours élémentaire de philosophie-physique applicable

qui règne dans la nature ou d'enseigner la Philosophie générale ne serait-il pas d'autant plus utile, qu'il ramènerait insensiblement à l'UNITÉ POLITIQUE ET RELIGIEUSE (1). Nous laissons le soin de juger de ces réflexions à celui dont le zèle infatigable pour l'enseignement public est au-dessus de tout éloge.

à la Médecine, surtout dans un temps où de nouvelles hypothèses éloignent du but que la Science la plus utile se propose d'atteindre ?

(1) Le Professeur chargé de la partie de l'enseignement dont il est fait mention, devrait s'imposer la loi de publier à la fin de chaque cours, le résumé de ses leçons. Il s'ensuivrait un double avantage, celui de perfectionner sa méthode par les conseils que lui donneraient les personnes les *mieux* éclairées, et celui de rappeler au souvenir de ses auditeurs les instructions dont il aurait donné le développement de vive voix, sauf de présenter sous un nouveau jour ce qui n'aurait pas été saisi au premier abord. Il n'est pas de Professeur qui ne contribuât au perfectionnement de l'enseignement public en adoptant la méthode dont nous parlons : celle de la publication du résumé de ses leçons à la fin de chaque Cours. C'est du moins la méthode que nous nous croirions obligés de suivre, si nous étions jamais appelés à professer.

CAMILLE GUÉRIN, *Elève en Méd.*

A AVIGNON, de l'Imprimerie d'OFFRAY fils aîné.

www.ingramcontent.com/pod-product-compliance
Lightning Source LLC
Chambersburg PA
CBHW060628050426
42451CB00012B/2491